BEI GRIN MACHT SICH IHR WISSEN BEZAHLT

AF153621

- Wir veröffentlichen Ihre Hausarbeit,
  Bachelor- und Masterarbeit

- Ihr eigenes eBook und Buch -
  weltweit in allen wichtigen Shops

- Verdienen Sie an jedem Verkauf

Jetzt bei www.GRIN.com hochladen und kostenlos publizieren

Blockchain. Ein alternatives Datenbanksystem?

Vergleich und Evaluation der verschiedenen Datenbanksysteme

Timothy Todd

Bibliografische Information der Deutschen Nationalbibliothek:

Die Deutsche Nationalbibliothek verzeichnet diese Publikation in der Deutschen Nationalbibliografie; detaillierte bibliografische Daten sind im Internet über http://dnb.d-nb.de abrufbar.

ISBN: 9783346319579
Dieses Buch ist auch als E-Book erhältlich.

© GRIN Publishing GmbH
Nymphenburger Straße 86
80636 München

Druck und Bindung: Books on Demand GmbH, Norderstedt Germany
Gedruckt auf säurefreiem Papier aus verantwortungsvollen Quellen

Das Buch bei GRIN: https://www.grin.com/document/974122

Blockchain – Ein alternatives Datenbanksystem?

Seminararbeit Enterprise Systems

Eingereicht von: Todd, Timothy

Studiengang: Master Wirtschaftsinformatik

Bearbeitungszeit: von   13.02.2018

                                    bis   27.04.2018

Julius-Maximilians-Universität Würzburg

Lehrstuhl für BWL und Wirtschaftsinformatik

Josef-Stangl-Platz 2, 97070 Würzburg

Inhaltsverzeichnis

Abkürzungsverzeichnis

ACID: Atomicity, Consistency, Isolation, Durability

DBMS: Databank Management System

DDBMS: Distributed Databank Management System

ECC: Elliptic Curve Cryptography

GUI: Graphical User Interface

NoSQL: Not only SQL

ODL: Object Definition Language

ODMG: Object Data Management Group

OID: Objekt Identifier

OQL: Object Query Language

PBFT: Practical Byzantine Fault Tolerance

RDMS: Relationales Datenbankmanagementsystem

SQL: Structured Query Language

TCP/IP: Transmission Control Protocol/Internet Protocol

1 Einleitung

Systeme zur Verwaltung von Informationen haben sich seit der ersten Entwicklung von computergestützten Datenbankmodellen in den 1960er Jahren stetig weiterentwickelt. Kontinuierliche Verbesserung von bestehenden Implementierungen, wie sie beispielsweise bei der Abfragesprache SQL[1] geschehen ist, führten gemeinsam mit der steigenden Notwendigkeit der Datenverwaltung zu einer immer stärkeren Kommerzialisierung in den 1970er und 1980er Jahren durch Unternehmen wie IBM und Oracle.

Disruptive Innovationen, wie die Entstehung des Internets, führten zu großen Veränderungen im Bereich der Datenverwaltung. Performance und Skalierungsprobleme der alten Systeme durch die rasant ansteigende Datenmenge waren die Folge. Durch diese Veränderungen entstanden grundlegend neue Datenbanksysteme, aber auch konventionelle Datenbanksystemen adaptierten den Wandel.

Grundlage für die Entstehung des Internets war die Entwicklung einer neuen Technologie namens TCP/IP, welche ein Computernetzwerk wie das World Wide Web und damit fundamentale Veränderungen aufgrund von Digitalisierung erst möglich gemacht hat (Iansiti und Lakhani 2017).

Einen ähnlichen fundamentalen Meilenstein in der Entwicklung von Datenbanksystemen legt möglicherweise die Blockchain-Technologie. In dieser Arbeit wird aus diesem Grund untersucht, ob und in wie weit die Blockchain und dessen Anwendung als alternatives Datenbanksystem nutzbar ist. Eine qualitative Analyse zwischen bestehenden, konventionellen Datenbanksystemen und einer Anwendung der Blockchain wird dabei durch eine Argumentenbilanz und einer Nutzwertanalyse stattfinden. Vor der Evaluation, findet der Leser in Kapitel 2 und 3 die Grundlagen für die Untersuchung.

---

[1] SQL: Sprache zum Abrufen von Informationen in einer relationalen Datenbank

2 Konventionelle Datenbanksysteme

Folgende Definition eines Datenbanksystems wird als Grundlage für diese Arbeit genutzt:

Ein Datenbanksystem besteht aus einer Datenbasis, welche Daten und deren Beziehungen untereinander enthalten, und einer Gesamtheit an Programmen als Managementsystem (DBMS), die die Kontrolle und die Modifikation der Datenbasis übernimmt (Kemper und Eickler 2013, 21).

Die Aufgabenstellung dieser Arbeit liegt darin, ob und in welchem Fall ein Blockchain Datenbanksystem als Alternative zu herkömmlichen Systemen genutzt werden kann. Der Schwerpunkt bei der Untersuchung wird vor allem auf das DBMS gelegt, weniger auf die Datendefinition und Datenmanipulationssprache. Bevor ein Vergleich der unterschiedlichen Systeme stattfindet, besteht die Notwendigkeit die konventionellen Systeme zu resümieren. Mit insgesamt vier Datenbanksystemen wird sich in diesem Abschnitt beschäftigt:

- Relationale (SQL) Datenbanksysteme
- Objektorientierte Datenbanksysteme
- NoSQL Datenbanksysteme
- Verteilte (Distributed) Datenbanksysteme

Eine Betrachtung weiterer Systeme würde über den Rahmen dieser Arbeit hinausgehen und wird deshalb nicht berücksichtigt.

2.1 Relationale Datenbanksysteme

Die theoretische Grundlage für ein relationales Datenbanksystem liefert das Entitäten-Beziehungsmodell von E.F. Codd. Dieses Modell baut ein Datenbanksystem auf sogenannten Entity-Sets[2] auf, welche als Relationen in Form von Tabellen konkretisiert und durch inhaltliche Angaben mit sogenannten Primär- und Fremdschlüsseln in Abhängigkeit zueinander gebracht werden (Hald und Nevermann 1995, 25).

---

[2] „Ein Entity-Set ist eine Menge von Elementen [...], welche gleiche Eigenschaften besitzen, wobei auch Beziehungen zwischen Entity-Sets wiederum Entity-Sets darstellen." (Hald und Nevermann 1995: 11) Beispiel eines Entity-Set: Menge aller Mitarbeiter mit Attributen Name, Personalnummer, Gehalt, Wohnort, etc.

Ein relationales Datenbanksystem ermöglicht somit die mengenorientierte Verarbeitung von Datensätzen durch Tabellen und ist aufgrund der schlichten Struktur das populärste Datenbanksystem in der praktischen Anwendung (Kemper und Eickler 2013, 73). Im Allgemeinen besteht ein relationales Datenbanksystem aus zwei Komponenten, welche verschiedene Funktionen erfüllen. Erstens einem Speicherungselement, also die Datenbank zur Verwaltung von Daten und deren Beziehungen in Tabellenform sowie Hinterlegung von vordefinierten Systemtabellen und einem Verwaltungselement als Schnittstelle zur Datendefinition und Manipulation (Meier 2007, 10ff). Eine Übersicht der Systemarchitektur eines relationalen Datenbanksystems, zeigt die untenstehende Abbildung.

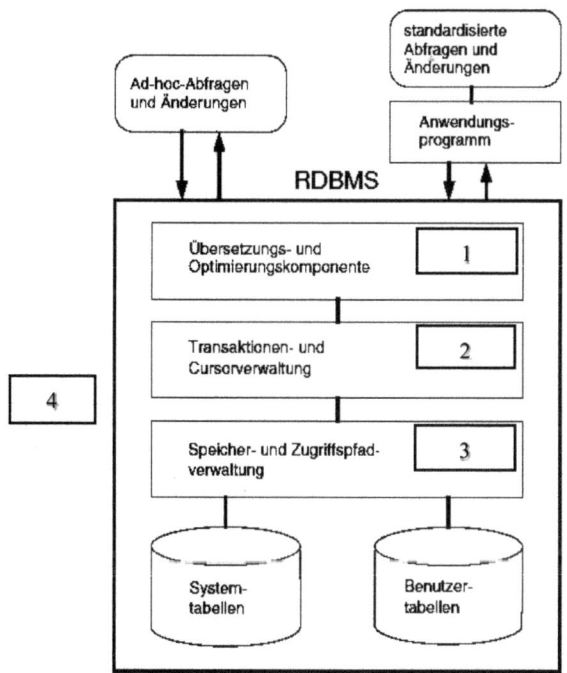

Abbildung 1 Grundlegende Bestandteile eines RDBMS (in Anlehnung an Meier 2007, 94)

Wie zu erkennen ist, gibt es in einem RDBMS verschiedene Blöcke, die nicht zu einander in Bezug stehen aber durch vordefinierte Schnittstellen miteinander interagieren (Meier 2007, 126).

Für den weiteren Vergleich sind dabei vier markante Punkte der Systemkomponenten von RDBMS und deren Eigenschaften anzusprechen.

1. Die Übersetzungskomponente hat den Zweck den deskriptiven Befehl des Benutzers, ausgehend von der GUI-Schnittstelle und einer SQL-Abfrage, in einen algebraischen Ausdruck der Relationenalgebra zu verwandeln. Dieser wird anschließend durch algebraische Umformungen möglichst optimiert, um den Berechnungsaufwand zu minimieren (Meier 2007, 96ff).

2. Die zweite Komponente verwaltet die Transaktionen, welche Folgen von logisch zusammengehörenden Datenbankoperationen darstellen. Diese werden durch das ACID-Prinzip[3] vom Beginn der Transaktion des Anfangszustandes bis zum Ende geschützt, durch das die Integrität der Daten und die Konsistenz der Datenbankzustände auch bei Mehrbenutzerbetrieb gewahrt wird (Meier 2007, 104f; Hald und Nevermann 1995, 122).

3. Die Umsetzung der Speicher- und Zugriffsverwaltung wird bei RDBMS durch Baumstrukturen, Hash-Verfahren oder mehrdimensionalen Datenstrukturen realisiert, um Daten in Primär- und Sekundärspeichern, wie z.B. externe Speichermedien, vorteilhaft zu organisieren. Sekundärspeicher werden dabei benötigt, sobald die Datenbestände zu umfangreich sind und dadurch ausgelagert werden müssen. Der Zugriff auf die Sekundärspeicher muss für eine hohe Performance dabei aber so gering wie möglich gehalten werden. Gleichzeitig benötigt die Struktur die Möglichkeit die Daten dynamisch zu ändern (Meier 2007, 115ff).

4. Nach Systemausfällen oder schwerwiegenden Programmierfehlern während der Transaktionsverarbeitung wird die Konsistenz der Datenbank durch ein Recovery bewahrt. Ein Recovery ist dabei die Herstellung des vorherigen, korrekten Zustandes. Die Sicherung der Datenbank wird dabei entweder durch eine Duplizierung des vollständigen Datenbestandes oder das Protokollieren jeglicher Datenbankänderungen durch so genannte Logfiles sicher gestellt (Hald und Nevermann 1995, 138f).

---

[3]ACID-Prinzip: Durchführung der Transaktion vollständig oder gar nicht (Atomicity), Transaktion muss im Gesamten Widerspruchsfrei sein (Consistency), Jede Transaktion muss unberührt und in jeder Umgebung gleich ablaufen (Isolation), Datenbankzustände bleiben aufrecht bis Transaktion abgeschlossen (Durability)

Im relationalen Modell hat sich die Abfragesprache SQL als Standard durchgesetzt. Diese ist eine mengenorientierte, nicht-prozedurale Sprache mit folgenden Bestandteilen (Hald und Nevermann 1995, 50): Data Definition Language (Zur Definition von Tabellen etc.), Data Control Language (Zur Definition von Zugangs- und Zugriffsberechtigungen) und Data Manipulation Language (Zur Manipulation von Daten)

2.2 Objektorientierte Datenbanksysteme

Ein objektorientiertes System baut darauf auf, dass die Daten und deren Funktion in einem Objekt gespeichert werden, wodurch ein Objekt selbst die Verwaltung der in ihm abgelegten Daten verwalten kann (Lapp und Litzel 2017). Ein Objekt ist dabei „eine Repräsentation eines Gegenstandes der Umwelt [...], [welches] einen Zustand (Wert) [besitzt], der sich aus einer Menge von Attributen zusammensetzt" (Geppert 2002, 13). Ein Objekt hat dabei drei wichtige Eigenschaften, welche Einfluss auf die Struktur des Systems haben:

1. Eine systemweite eindeutige Objektidentität bzw. die Verwendung sogenannter OIDs als zustands- und speicherungsort- unabhängige Referenzierungsmöglichkeit.

2. Einen bestimmten Objekttyp, welcher die Struktur und das Verhalten des Objektes determiniert.

3. Einen genauen Zustand, welcher durch dessen deskriptive Attribute und die Relationen mit anderen Objekten definiert wird (Kemper und Eickler 2013: 401ff).

Zur Umsetzung und Vereinheitlichung der vorhandenen objektorientierten Programmiersprachen hin zu einem homogenen objektorientierten Datenbankmanagementsystem hat sich der ODMG-Standard etabliert (Kemper und Eickler 2013, 406f). Komponenten dieses Standards sind das einheitliche Kernobjektmodell, eine ODL, eine OQL sowie Anbindungen für Programmiersprachen. Lese- und Änderungsoperationen finden ausschließlich durch Transaktionen statt. Im Datenbanksystem wird dabei ein Transaktionsobjekt mit der Operation zum Erschaffen neuer Transaktionen und der aktuell ablaufenden Transaktion erzeugt. Die Manipulation der Operationen ist durch eine Schnittstelle mit einem Befehl der ODL möglich (Geppert 2002, 260)

Ein objektorientiertes DBMS gewährt folglich die Modellierung und Abbildung von Daten als Objekte sowie alle Regeln von Vererbung und Klassenstruktur.

2.3 Distributed und NoSQL Datenbanksysteme

Durch die fortschreitende Entwicklung des Internets und dessen Folgen, haben sich die konventionellen Datenbanksysteme weiterentwickelt bzw. neu erfunden. Zwei dieser moderneren Systeme werden in diesem Abschnitt angeschnitten.

Verteilte (Distributed) Datenbanksysteme

Ein verteiltes Datenbanksystem ist ein Netzwerk aus verschiedenen Rechnereinheiten, welche durch Kommunikationsschnittstellen miteinander verbunden sind und sich die Informationen untereinander teilen. Dabei kann jede Rechnereinheit autonom lokale Daten verarbeiten und Anfragen ausführen, ohne eine globale Anfrage zu stellen. Jedoch ist jede Rechnereinheit im Netzwerk zur Arbeit an mindestens einer systemweiten Aufgabe verpflichtet (Kemper und Eickler 2013, 485). Der grundlegende Aufbau wird in Abbildung 2 deutlich.

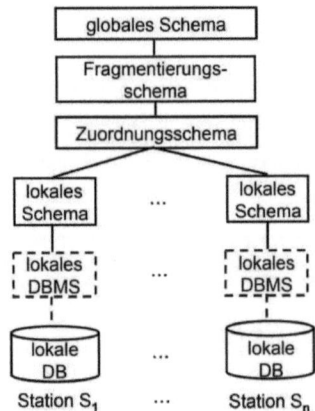

Abbildung 2 Aufbau eines verteilten Datenbanksystems (Kemper und Eickler 2013, 487)

Dabei ist das globale und lokale Schema analog zu dem Ansatz einer relationalen Datenbank in Abbildung 1. Charakteristisch für eine verteilte Datenbank ist das Fragmentierungsschema, welche die, aus Abschnitt 2.1 bekannten, Relationen in disjunkte Fragmente unterteilt und das Zuordnungsschema, welches die Zuordnung der Fragmente auf bestimmte Stationen S_1 bis S_n bestimmt. Bei der Fragmentierung unterscheidet man zwischen horizontaler, vertikaler oder kombinierter Fragmentierung. Bei der Verteilung, auch Allokation genannt, zwischen redundanzfreier Allokation und Allokation mit Replikation (Kemper und Eickler 2013, 487f).

Allgemein wird die Konsistenz der Daten analog zum relationalen DBMS durch das ACID-Prinzip gewährleistet. Zusätzlich zu diesem Prinzip wird das sogenannte Zweiphasen-Freigabeprotoll genutzt. Dieses Protokoll kontrolliert die lokalen Transaktionen in den Stationen auf Fehlern und vermeidet dadurch Konsistenzfehler auf globaler Ebene (Meier 2007, 162). Bei dauerhaft zu großen Volumen an zu verarbeitenden Daten werden die einzelnen Datenbankserver durch Hardware Verbesserungen hochskaliert (Scale-Up) (Kemper und Eickler 2013, 749).

NoSQL Datenbanksysteme

NoSQL Datenbanksysteme sind aus einer Gegenbewegung zu dem relationalen SQL-Datenbankansatz entstanden und bieten vor allem eine deutlich bessere Skalierbarkeit bei großem Datenvolumen im Vergleich zu RDBMS, um die globale Verarbeitung und Bereitstellung von Daten zu sichern. Für den Vergleich zu einem Blockchain Datenbanksystem wird in dieser Arbeit insbesondere das sogenannte Key/Value-System bzw. Speichermodell als Stellvertreter für NoSQL Datenbanksysteme herangezogen. Dieses System bricht alle Zugriffsmöglichkeiten auf elementare Speicherobjekte und deren Suchschlüssel zum Auffinden von Objekten herunter. Zwar verhindert das Key/Value-System komplexe Anfragen, aber ermöglich dafür eine erhöhte Performance in der Verarbeitung von Anfragen. Zusätzlich verbessert sich die Skalierung der Daten bei NoSQL Systemen durch das sogenannte Scale-Out Prinzip auf horizontaler Ebene (Kemper und Eickler 2013, 748). Die Konsistenz der Daten wird in diesem Modell durch das BASE[4]-Prinzip garantiert, wobei in diesem Anwendungskreis davon ausgegangen wird, dass Konsistenz erst nach einem Übergang von Inkonsistenz erreicht wird und kein dauerhafter Zustand nach einer Transaktion ist (Edlich 2011, 33f).

Abschließend für diesen Abschnitt lässt sich sagen, dass sich aus der chronologischen Entwicklung von Datenbanksystemen drei Datenbanksysteme durchgesetzt haben: Der zentralisierte, relationale SQL-Ansatz, relationale DBS mit verteilten Servern und NoSQL Systeme. Objektorientierte Datenbanksysteme haben sich bis heute in der Praxis kaum behauptet, werden aber trotzdem mit verglichen, da sie für einige Anwendungsfälle prädestiniert sind.

---

[4] BASE-Prinzip: Basically Available, Soft State, Eventually Consistent

3 Die Blockchain Technologie und dessen Anwendung

In diesem Kapitel wird die Blockchain-Technologie, dessen grundlegende Eigenschaften und die explizite Anwendung als Datenbanksystem diskutiert. Außerdem Vor allem wird die Frage beantwortet, ob die Blockchain-Technologie die elementaren Bestandteile für eine Anwendung als Datenbanksystem bietet und falls nein, welche Komponenten von konventionellen Datenbanksystem übernommen werden müssen.

3.1 Die Theorie der Blockchain

Die Blockchain ist grundsätzlich eine Datenbank, welche Transaktionen über ein Netzwerk aus mehreren Teilnehmern[5] ohne zentrale Steuerungskomponente verifiziert und dokumentiert. Die geprüften Transaktionsdaten plus weitere Informationen werden dann als codierte digitale Inhalte in Blöcken in einer nicht veränderbaren, öffentlichen Liste (Chain) gespeichert (Witte 2016, 1). Die Verschlüsselung findet durch das Hash-Verfahren statt, welches die einzelnen Inhalte verschlüsselt und hierarchisch verdichtet. Die komprimierte Information wird Hash-bzw. Merkle-Baum bezeichnet.

Oft wird in Publikationen auch das Synonym Distributed-Ledger Technologie für die Blockchain genutzt, obwohl in diesem verteilten Netzwerk Daten stetig und nicht in Blöcken gespeichert werden.

Die theoretischen Grundlagen für die Blockchain setzen zwei mathematische Verfahren (Witte 2016, 2):

- Public Key Verfahren: Die Idee, dass die Verschlüsselung von Daten auf einem Mechanismus basiert bei dem jeder Netzwerkteilnehmer zwei Schlüssel besitzt. Einem sogenannten Public Key und einem Privat Key. Der Privat Key ist nur dem Besitzer bekannt und wird benötigt, um digitale Inhalte durch eine digitale Signatur zu bestätigen. Der Public Key hingegen ist theoretisch allen Netzwerkteilnehmern bekannt und bestätigt die Echtheit der Signatur. Das Verschlüsselungsverfahren mit dem der

---

[5] In der Regel ein Peer-to-Peer Netzwerk

Privat Key aus dem Public Key gebildet wird nennt sich ECC auf das in dieser Arbeit aber nicht weiter eingegangen wird (Herrmann 2017).

- Hash Wert: Der Hash-Wert wird aus einem digitalen Inhalt mithilfe eines mathematischen Verfahrens[6] errechnet und verschlüsselt den digitalen Inhalt eines Blocks. Nach der Anwendung der Hashfunktion ist es nicht mehr möglich den Ausgangswert aus dem Hash-Wert zurück zu erhalten. Der Hash-Wert wird auch als digitaler Fingerabdruck bezeichnet und stellt sicher das keine Daten in der Blockchain manipuliert sind, da in jedem Block der aktuelle und der vorherige Hash-Wert vorhanden ist (Herrmann 2017), d.h. schon die Veränderung eines Zeichens in der Hash-Zeichenkette kann nachverfolgt werden, da der Hash-Baum in den folgenden Blöcken nicht mehr konsistent ist (Schütte et al. 2017, 6).

Im Allgemeinen wird zwischen zwei Typen des Blockchain-Netzwerkes unterschieden: Eine öffentliche Blockchain ohne Einschränkungen von Zugriffsrechten und eine private Blockchain mit beschränkten Zugriffsrechten. Bei einer öffentlichen Blockchain kann jeder Teilnehmer im Netzwerk auf die Datenbank zugreifen und hat ohne Genehmigung freie Rechte Daten lesen oder schreiben zu lassen. Die private Blockchain hingegen wird durch einen oder mehrere Administratoren kontrolliert, die die Entscheidungsbefugnis über Zugriffsrechte besitzen (Schütte et al. 2017, 7).

Zusammenfassend ist die eigentliche Blockchain bis hierhin lediglich eine Datenbank, die in jedem einzelnen Knoten vollständig gespeichert ist. Für ein Datenbanksystem fehlt ein zugehöriges Verwaltungssystem als Schnittstelle. Dies wird beim Gesamtkonzept der Blockchain-Technologie umgesetzt durch verteilte Konsenssysteme, die im Folgenden genauer untersucht werden (Schlatt et al. 2016, 8).

3.2 Konsensmechanismen und Transaktionsprozess

Sobald ein neuer Block durch einen einzelnen Knoten im System als Erweiterung der Blockchain bereitsteht, muss dieser durch das gesamte Netzwerk verifiziert werden. Die Entscheidung, welcher Block durch welchen Teilnehmer angehängt wird entscheidet dabei der

---

[6] Bei Bitcoin beispielsweise das SHA-256 Verfahren

Konsensmechanismus. Dieser realisiert folglich die Verkettung der Blöcke und sichert damit eine deckungsgleiche Version der Blockchain. Bei parallel oder nacheinander entstandenen Blöcken werden diese in eine Nachrückerliste eingereiht und nach und nach abgearbeitet (Schütte et al. 2017, 6).

Die bekanntesten Konsensmechanismen in der Blockchain Umgebung sind das Proof-of-Work und das das Proof-of-Stake Verfahren.

Proof-of-Work: Dieses Verfahren validiert Transaktionen im Netzwerk, dadurch dass ein Knoten solange den Hash-Wert eines Block-Headers, welcher die Datenstruktur eines Blocks zusammenfasst, austestet bis dieser unter einem vordefinierten Zielwert liegt. Der Knoten, welcher den richtigen Zielwert findet, sendet den zu validierenden Block dann an das Netzwerk. Dieser Schritt wird als Block-Validierung bezeichnet. Andere Netzknoten berechnen den Hash-Wert erneut und fügen ihn nach der Validierung in ihre Blockchain an, auch Blockchain-Update genannt. Erst der Abschluss des kompletten Verfahrens schließt eine Transaktion ab (Schlatt et al. 2016, 13). Der Konsensalgorithmus findet sich in Abbildung 3 wieder. Bei dem Proof-of-Work Verfahren wird der Knoten, welcher den richtigen Hash-Wert zur Validierung findet durch die Ausgabe eines Tokens bzw. Coins, ähnlich einer Währung, für seine Bemühungen entlohnt.

Proof-of-Stake: Das Proof-of-Stake Verfahren baut darauf, dass entweder Netzknoten, welche einen großen Anteil an der Blockchain halten, entsprechend ein größeres Recht auf die Aktualisierung der Blockchain hat oder der Netzknoten für die Blockvalidierung durch ein Zufallsverfahren ausgewählt wird (Schlatt et al. 2016, 15f; Schütte et al. 2017, 12). Eine Entlohnung durch die Validierung findet nicht durch die Erschaffung eines Tokens, sondern durch Transaktionsgebühren im System statt.

Zur Vollständigkeit sei in diesem Zusammenhang gesagt, dass es noch weitere Konsensmechanismen gibt, wie beispielsweise Proof-of-Activity, Proof-of-Publication und Proof-of-Storage (Urbach 2017), auf die in dieser Arbeit aber nicht weiter eingegangen wird.

In Abbildung 3 wird der typische Transaktionsprozess in einer Blockchain am Beispiel des Bitcoin-Netzwerks gezeigt. Der Prozess einer Transaktion im Netzwerk beläuft sich auf vier nacheinander ablaufende Schritte: Transaktionsdefinition, Transaktionsverifikation, Block-Validierung und Blockchain-Update. Die Transaktionsdefinition enthält Informationen von früheren Transaktionen (Transaktionsinput), die Definition, der zu sendenden Information an den Empfänger (Transaktionsoutput) und die digitale Signatur durch den Private Key. Die Transaktionsverifikation übernimmt der Knoten, welcher als erster die Information über die gewünschte Transaktion erhält. Dieser prüft die Transaktion auf Gültigkeit und leitet sie danach an so viele Knoten weiter wie möglich (Schlatt et al. 2016, 11f).

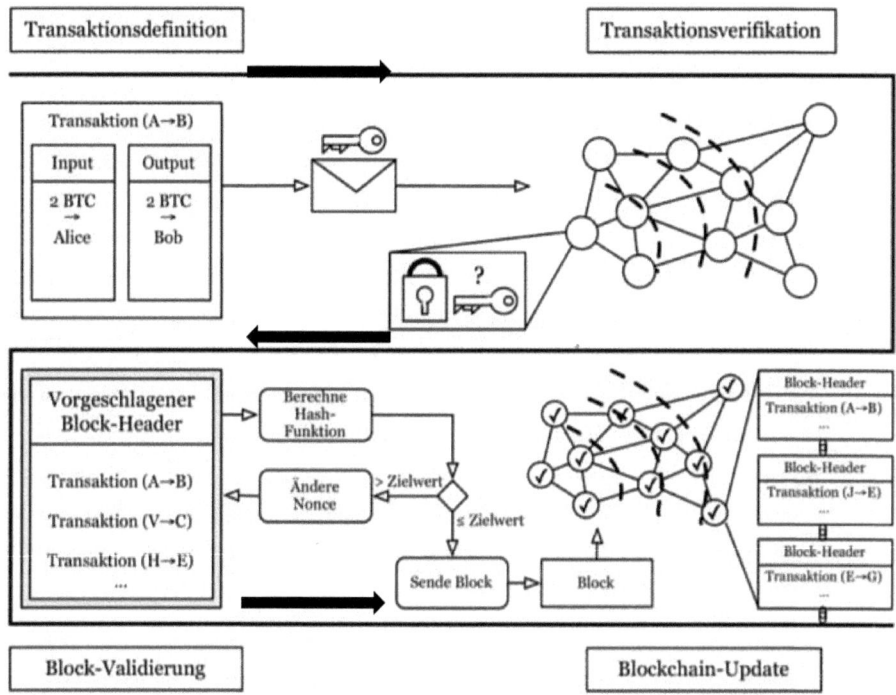

Abbildung 3 Transaktionsprozess in der Blockchain am Beispiel Bitcoin (Schlatt et al. 2016, 11)

3.3 Anwendung als Datenbankbanksystem

Ein Blockchain-System ist ein Datenbanksystem, wenn zwei Voraussetzungen laut Definition erfüllt sind. Diese sind das Vorhandensein eines Verwaltungs-/ Managementsystems und einer Datenbasis bzw. Datenbank. Beide Bedingungen können durch die Blockchain erfüllt werden. Das Verwaltungssystem durch einen ausgewählten Konsensalgorithmus und die Möglichkeit der Implementation einer Sprache für Transaktionen, wie beispielsweise SQL bei einer relationalen Datenbank, sowie die eigentliche Datenbank, welche die Sicherung der Vorgänge in Blöcken übernimmt.

Bei der Realisierung der Blockchain als alternatives Datenbanksystem in einer praktischen Anwendung im kommerziellen Bereich muss eine Analyse vorgenommen werden, um zu erfassen, welche Blockchain am geeignetsten ist. Charakteristische Eigenschaften für die es sich zu entscheiden gilt sind (Schütte et al. 2017, 7f):

- Auswahl des Konsenssystems
- Typ des Blockchain-Netzwerks

Des Weiteren benötigt eine private & zugriffsbeschränkte Blockchain keine PoW oder PoS Konsensverfahren. Die Kontrolle über Schreib- und Leserechte obliegt bei privaten Blockchains allein bei ausgewählten Administratoren, d.h. die Validierung wird nur durch die Ehrlichkeit der teilnehmenden Netzwerkknoten und der Administratoren gewährleistet (Bjannes 2017; Thompson 2017). Eine nennenswerte Mischform aus Eigenschaften einer privaten und einer öffentlichen Blockchain ist die sogenannte Konsortium-Blockchain. Beispielhaft wird für die Analyse der PBFT Algorithmus als Konsensmechanismus in einer Konsortium Blockchain herangezogen. Dieses Verfahren funktioniert wie folgt: Jedes Konsortium besitzt einen bestimmten internen Status. Mithilfe dieses Status reagiert das Konsortium auf bestimmte Botschaften mit bestimmten Operationen. Aus der Operation kann dann das Konsortium wiederum einen Entschluss über die Botschaft ziehen. Der generelle Konsens wird im Folgenden dann aus allen Entschlüssen der Konsortien entschieden (Hammerschmidt 2017). Diese Form von Blockchain wird aktuell meist im Finanzsektor genutzt und hat mehrere Knoten, welche das Netzwerk und den Validierungsprozess kontrollieren (Bjannes 2017).

Ein großes Problem bei privaten und auch Konsortium-Blockchains ist vor allem die Vereinheitlichung von Standards verschiedener Knoten und die unterschiedlichen Anforderungen der Teilnehmer an das System (Thompson 2017).

Die Vorteile bzw. Nachteile der Eigenschaften werden im Folgenden anhand einer Matrix dargestellt.

Aus Gründen des Umfangs wird in Kapitel 4 nur eine Konsortium-Blockchain mit beschränkten Zugriffsrechten sowie eine öffentliche Blockchain mit Proof-of-Work Mechanismus für den Gesamtvergleich herangezogen.

Tabelle 1 Pro-/Contra Vergleich der Eigenschaften einer Blockchain (Eigene Abbildung)

Eigenschaft	Vorteile	Nachteile
Proof-of-Work (Schumann 2018; Misiak 2017)	- Tendenzielle Verhinderung von Blockchain Spaltungen - Geringes Sicherheitsrisiko, da oft in der Praxis erprobt	- Sehr energieintensiv, da hohe Rechenleistung für die Blockverifizierung benötigt wird - Benötigte Rechenleistung und Energie steigt mit der Länge der Blockchain - Gefahr der Zentralisierung und dadurch Manipulation der Blockchain
Proof-of-Stake (Schumann 2018; Misiak 2017)	- Kosteneffizient und Energieeffizient - Bessere Skalierung - Alle Netzwerkteilnehmer unterstützen das System	- Geringe Adaption in der Praxis - Gefahr von Abspaltungen der eigentlichen Blockchain
Privat & Beschränkte Zugriffsrechte (Jayachandran 2017; Thompson 2017)	- Der Austausch von Informationen verläuft privat - Administratoren haben die Möglichkeit Transaktionen zu verändern	- Vertrauen in das System liegt in der Kontrolle durch Administratoren - Datenintegrität und Sicherheit durch die Administratoren nicht durch das Netzwerk gewährleistet
Öffentlich & Zugriffsrechte ohne Beschränkung (Jayachandran 2017; Thompson 2017)	- Schnelle Skalierungsprobleme bei unkontrolliertem Wachstum - Vollständige Dezentralisierung	- Keine Übersicht über Informationsabgänge - Keine Veränderung von Daten möglich - Langsame Geschwindigkeit der Transaktionen

4 Vergleich und Evaluation der verschiedenen Datenbanksysteme

Dieser Abschnitt der Arbeit gibt durch einen Vergleich der Eigenschaften eine Übersicht, welches Datenbanksystem in welchem Einsatzgebiet besser oder schlechter geeignet ist. Anschließend werden die gesammelten Informationen genutzt, um eine qualitative Gesamtanalyse zu erbringen.

Jedes Datenbanksystem wird unter den gleichen charakteristischen Punkten untersucht, um diese vergleichen zu können. Folgende Funktionen der Systeme werden im Folgenden diskutiert:

- Datenintegrität / Datenkonsistenz:
- Datensicherheit
- Leistungsfähigkeit / Performance / Skalierbarkeit
- Benutzerfreundlichkeit / Abfragesprache / Adaption in der Praxis

4.1 Vergleich auf Basis der Eigenschaften eines Datenbanksystems

Zentralisierter, relationaler SQL-Ansatz

Die Gewährleistung der Integrität der Daten in einer relationalen Datenbank geschieht auf mehreren Ebenen. Erstens durch semantische Integrität mithilfe von Integritätsbedingungen in der Definition von Attributen und Relationen und zweitens durch operationale Integrität. Dazu gehört das Folgen von Transaktionen nach dem ACID-Prinzip und der Serialisierung von Transaktionen im Mehrbenutzerbetrieb (Hald und Nevermann 1995). Eine potenzielle Integritätsgefahr ist aber dennoch durch eine fehlerhafte Programmierung gegeben (Lapp und Litzel 2017). Weiterhin ist bei den relationalen Modellen negativ zu bewerten, dass diese jegliche Anwendungen und deren Datenstruktur sowie Anwendungslogik auf das relationale Modell herunterbrechen müssen, wodurch eine „semantische Lücke" entsteht (Geppert 2002: VII).

Allgemein wird der Datenverlust durch den Einsatz des Recovery vorgebeugt. Ein Diebstahl von Daten durch Hacker oder Virenbefall ist bei einer RDBMS durch ihre zentralisierte Infrastruktur relativ einfach möglich. Anbieter von relationalen Datenbanksystemen müssen für die Garantie der Datensicherheit deshalb hohe Geldsummen investieren.

Außerdem ergibt sich aus der Natur des relationalen Models und der Mengenlehre heraus die Konsequenz, dass alle Tabellen untereinander verbunden sein müssen. Bei vielen Tabellen führt dies zu einer hohen Komplexität, zeitweise großer Datenverarbeitung und dadurch relativ schlechter Performance, umso größer die Datenbank wird (Lapp und Litzel 2017). Relationale Datenbanksysteme mit einer zentralen Instanz waren die ersten Datenbanksysteme und bis heute ist zumindest der relationale Ansatz der dominanteste (solid IT GmbH 2018). Die Entwicklung des Internets und dessen Folgen an enormen Anstieg des Informationsumsatzes haben den zentralisierten Ansatz von relationalen Datenbanksystemen schnell an Ressourcenprobleme gebracht.

Dadurch, dass sich die Abfragesprache SQL von Beginn an als Standard durchgesetzt hat, sind relationale Systeme sehr benutzerfreundlich und haben eine hohe Adaption in der Praxis. Im Vergleich zu einem verteilten Datenbanksystem, zu dem im weiteren Sinne auch die Blockchain gehört, stößt die zentralisierte Systemarchitektur in der Praxis jedoch schon auf Probleme, sobald ein Unternehmen mehrere Zweigstellen hat. Aus der Restriktion des Datenzugriffs folgen ein hoher Kommunikationsaufwand und Verarbeitungsprobleme zwischen Zentrale und Zweigstelle.

Objektorientierte Datenbanksysteme

Das objektorientierte Datenmodell, einheitlich festgelegt durch den ODMG-Standard, nutzt dieselben Datenbankfunktionalitäten wie eine relationale Datenbank. Außerdem ist die Datenintegrität auf demselben Niveau gewährleistet wie bei dem relationalen Ansatz. Das OODBMS modelliert lediglich den Funktionsumfang eines Datenbanksystems um, indem Datenbankeigenschaften für objektorientierte Anwendungen durch eine persistente Programmiersprache bereitgestellt werden (Geppert 2002, 30). Dadurch ist es möglich deutlich komplexere Daten und Relationen, wie beispielsweise graphische Systeme, in abstrahierter Form darzustellen (Hald und Nevermann 1995, 78).

Die Datensicherheit von OODBMS wird ebenfalls ähnlich wie bei relationalen Modellen sichergestellt.

Die Performance von OODBMS ist auf der einen Seite durch das Abbilden und Verwalten von semantischen Informationen als komplexe Objekte besser einzuordnen, da die Informationsübermittlung in der Schnittstelle zwischen Datenbank und Verwaltungselement deutlich reduziert (o. A. 1992). Auf der anderen Seite stößt auch das objektorientierte

Datenbanksystem mit zunehmenden Transaktionen und Komplexität von Objekten schneller als relationale Systeme an die Leistungsgrenze (Begerow o. J.).

In der Praxis ist diese Art des Datenbanksystems weniger verbreitet. Dies hat zur Folge das Schnittstellen und vorprogrammierte Zwischen-Layer fehlen, wodurch eine anpassungsfähige Entwicklung selten erreicht wird (Lapp und Litzel 2017). Außerdem führt die geringe Adaption zu wenigen Erweiterungen oder Tools.

Relationale DBS mit verteilten Servern

Auch bei relationalen DBS mit verteilten Servern ist das ACID-Prinzip als notwendige Eigenschaft jeder Transaktion vorgegeben (Kudlich 1992, 71f). Weiterhin gibt es im Vergleich zu zentralisierten Systemen zusätzliche Fehlerquellen bei Transaktionen wie beispielsweise Kommunikationsfehler oder Netzpartitionierung auf die mit Zwei bzw. Drei-Phasen-Commit-Protokolle und Sperralgorithmen reagiert wird (Kudlich 1992, 77). Das Gesamtsystem der verteilten Systeme bietet zusätzlich zur Datenintegrität auf der Ebene des globalen Systems für jeden lokalen Knoten unabhängige Bearbeitung von Daten, wobei die Datenkonsistenz im Gesamtsystem jederzeit gewährleistet ist. Folglich kann die Datenintegrität im Vergleich zu einem zentralisierten Datenbanksystem von der allgemeinen Wertigkeit höher eingeschätzt werden.

Zur Erhöhung der Datensicherheit werden sogenannte Repliken, Kopien der globalen Datensätze, auf jeden Server verteilt. Dadurch erhöht sich die Datensicherheit und die Verfügbarkeit im Vergleich zu zentralisierten Systeme. Dazu ist wichtig zu nennen, dass diese verteilten Datensätze sich nicht in Echtzeit aktualisieren, sondern durch bestimmte Verfahren wie beispielsweise Primary-Copy oder dem Majoritätsverfahren. Alle Verfahren zur Aktualisierung der Replikate haben eine erhöhte Systembelastung zur Folge (Kudlich 1992, 149).

Die Partitionierung durch eine Fragmentierung der Relationen auf lokale Datenbanken hat eine gewisse Autonomie dieser Knoten zur Folge (Buchner 2007, 1). Rein lokale Operationen können folglich ohne Beanspruchung von Datenbankressourcen des Gesamtsystems bewerkstelligt werden und erhöhen dadurch die Performance, den Informationsdurchsatz und die Antwortzeiten. Außerdem ist eine gute Skalierbarkeit über die Vervielfachung der Anwendungsserver möglich (Kemper und Eickler 2013, 528). Zur Verbesserung der Performance bei vielen Teilnehmern bzw. großer Datenverarbeitung werden die

Datenbankserver hardwareseitig ausgetauscht (Scale-Up), was zu hohen Kosten führt. Außerdem ist ein verteiltes System komplexer in der Planung, Implementierung und in der Wartung.

Im Anwendungsbetrieb erkennt der Nutzer nicht die Existenz der lokal unterschiedlichen Datenbanken, sondern nur eine gesamte virtuelle Datenbank. In der Praxis gibt es mehrere Adaptionen des relationalen, verteilten DBS wie beispielsweise MySQL, Oracle oder DB2.

NoSQL Systeme

Bei NoSQL Systemen ist die Systemarchitektur von Anfang an auf ein horizontal, verteiltes System ausgelegt. Die Datenintegrität, gewährleistet durch das BASE-Prinzip, ist im Allgemeinen deutlich schwächer einzuschätzen. Weiterhin wird durch die Vielfalt an NoSQL Entwicklungen und spezifischen Anwendungsfall das Konsistenzmodell zusätzlich differenziert. Zur Konsistenzbewahrung bei Lese- und Schreibvorgängen wird das sogenannte Multiversion Concurrency Control im Vergleich zu Sperrverfahren bei relationalen Systemen genutzt. Durch dieses Verfahren sind Lesezugriffe auch während Schreibprozessen möglich (Edlich 2011, 40f).

Eine hohe Datensicherheit bei Ausfällen des Gesamtsystems und die Optimierung der Verfügbarkeit von Objekten ist bei NoSQL-Systemen durch den Einsatz von Consistent-Hashing möglich. Ähnlich wie bei dem Hashing von Daten in der Blockchain, nutzt das Hashing in NoSQL Systemen um die Objekte in einem Adressraum zu speichern (Edlich 2011, 34ff).

Im Vergleich zu relationalen Datenbanksystemen sind NoSQL, und im speziellen Key/Value Datenbanksysteme, im Web- und Cloudzeitalter deutlich besser horizontal zu skalieren, da Key/Value Daten keine relationalen Strukturen besitzen. Dadurch ist eine deutlich bessere Verarbeitung von Daten möglich. Als negativer Punkt muss hierbei aber genannt werden, dass in dieser Art der Datenbanksysteme aus der Natur der Architektur heraus keine komplexen Daten verarbeitet werden.

Problematisch einzuschätzen gilt die fehlende Standardisierung, geringe Funktionalität der API und, durch die überwiegend vorkommende Lösung als Open-Source, der fehlende kommerzielle Support bei Standardlösungen (Joos und Litzel 2015).

Konsortium-Blockchain

Im Grunde kann die Konsortium-Blockchain mit einem verteiltem, NoSQL-Datenbanksystem verglichen werden. Ein verteiltes, konventionelles System hat jedoch immer einen zentralen, vertrauenswürdigen Vermittler für die Bereitstellung von Systemzugriffen (Lese- und Schreibrechte) sowie das Administrationsrecht über Daten und Transaktionsprozesse. In einem unternehmensübergreifend genutzten System kam es dadurch zu dem Umstand, dass jeder Teilnehmer seine eigene Kopie des Datenstammes auf aktuelle Datenintegrität mithilfe der angesprochenen Mechanismen überprüfen musste. Eine Konsortium Blockchain lässt den zentralen Vermittler wegfallen und verteilt die Transaktionsüberprüfung auf verschiedene Unternehmen im Netzwerk. Durch die grundlegende Struktur der Blockchain wird der Ansatz der Datenintegrität von der Frage eines validen Zustands der Gesamtdatenbank zu einer bestimmten Zeit, hin zu der Überprüfung der Validität einer Transaktion in Echtzeit, verschoben (Greenspan 2015).

Die Datensicherheit wird in der Konsortium Blockchain durch das PBFT Verfahren gewährleistet und ist dadurch im Vergleich zu konventionellen Datenbanksystemen deutlich widerstandsfähiger gegenüber Manipulation. Der Algorithmus ist im Vergleich zum Konsensverfahren zugriffsoffener Blockchains jedoch weicher einzuordnen, da ein gewisses Vertrauen in den Teilnehmern liegt. Außerdem sorgt die Blockchain für eine große Transparenz innerhalb des Konsortium Netzwerks durch die jederzeit einsehbaren Transaktionen (Schlatt et al. 2016, 47). Ein weiterer Punkt, der für eine beschränkte Konsortium-Blockchain gegenüber einer offenen spricht, ist die Privatisierung der Daten innerhalb des Netzwerks.

Die Transaktionszeiten sind im Vergleich zu einer Public Blockchain aufgrund des genutzten Algorithmus deutlich kürzer, wodurch eine schnellere Transaktionsabwicklung möglich ist (Schlatt et al. 2016, 46). Generell ist die Skalierbarkeit einer Konsortium-Blockchain zur Anzahl der Knoten im Netzwerk sehr eingeschränkt. Die intensive Netzwerkkommunikation, verursacht durch Vertragsimplementierungen in den Blöcken, führen zu einer maximalen Anzahl von 10 bis 20 Knoten (Vukolic o. J., 6).

Konsortium-Blockchains werden aktuell vor allem stark im Finanzsektor aber auch in der Supply-Chain adaptiert. Beispiele für die praktische Anwendung sind R3 CEV und Hyperledger (Patel et al. 2017, 11). Das Datenbanksystem verspricht schnellen und manipulationssicheren Austausch von nicht öffentlichen Dokumenten, wie beispielsweise

Vertragsvereinbarungen oder die Übertragung von digitalen Rechte (sogenannte Smart Contracts), mit den Vorteilen von geringeren Transaktionskosten, besserem Informationsmanagement und Verringerung der Datenredundanz im Vergleich zu konventionellen, verteilten Datenbanksystemen (Dobson 2018).

Public Blockchain mit Proof-of-Work Mechanismus

Wie im Kapitel vorher besprochen, ist eine sehr hohe Datenkonsistenz und Datenintegrität durch das kryptographische Hash-Verfahren für den vollen Lebenszyklus des Datenbanksystems gegeben.

Durch die dezentrale Eigenschaft des Netzwerks und dem PoW Konsensverfahren ist diese Art der Blockchain noch manipulationssicherer als die Konsortium-Blockchain und außerdem auf zwei Ebenen resistent gegenüber Zensur: Erstens kann man die Daten, die auf der Blockchain gespeichert wurden nicht mehr ändern. Zweitens kann jeder Netzwerkteilnehmer Transaktionen veranlassen.

Generell ist die Ausfallsicherheit bei dieser Art des Datenbanksystems sehr hoch, da jeder Netzwerkteilnehmer die vollständige Datenbank in Echtzeit repliziert (Schlatt et al. 2016, 45). Die Skalierungsfähigkeit ist durch den Validierungsmechanismus das größte Problem dieses Systems. Je größer die Blockchain, desto mehr CPU-Leistung wird für die Bestätigung des nächsten Blocks benötigt.

Durch den offenen Charakter dieser Systeme kann jeder Netzwerkteilnehmer Anwendungen oder digitale Produkte implementieren. Außerdem entwickeln sich rekursive Beziehungen im Blockchain Ökosystem, wodurch sich mehrere Blockchains koppeln können. Eine praktische Adaption in öffentlichen Blockchains sind Kryptowährungen ohne zentrale Regulierungsinstitution (Schlatt et al. 2016, 17).

4.2 Qualitative Bewertung des anwendungsbezogenen Nutzwertes

Im letzten Kapitel sind die Folgen der jeweiligen architektonischen und internen strukturellen Gegebenheiten auf die Eigenschaften wie unter anderem Datenkonsistenz und Leistungsfähigkeit vorgestellt worden. In diesem Abschnitt werden die Systeme in einer groben Bewertung des Nutzwertes im Vergleich zu den jeweilig anderen DBS in einer Matrix dargestellt.

Die Bewertung verläuft dabei auf einem vierstufigen Bewertungsschema in aufsteigender Reihenfolge: - ; 0 ; + ; ++

Tabelle 2 Qualitative Bewertung der Datenbanksysteme (Eigene Abbildung)

DB-System	Daten-integrität	Daten-sicherheit	Performance	Skalierbarkeit	Adaption in der Praxis
Zentralisierter, relationaler SQL-Ansatz	+	-	0	0	++
Objektorientierte DBS	+	-	+	0	-
Relationale DBS mit verteilten Servern	+	0	+	+	+
NoSQL Systeme	0	0	++	++	+
Konsortium-Blockchain	++	+	+	+	-
Public Blockchain mit PoW Mechanismus	++	++	-	-	-

Wie die Analyse dieses Kapitels zeigt, hat jedes Datenbanksystem spezifische Vor- und Nachteile, die es bei jedem Anwendungsfall neu gegeneinander abzuwägen gilt. In den meisten Fällen geht die Anwendung einer Blockchain als Datenbanksystem bei aktuellem Stand aber nicht über den Entwicklungsstatus heraus. Vor allem bei Anwendungen hin zu Big Data und dem Internet of Things scheitern die konventionellen Datenbanksysteme. Dahingegen haben relationale Systeme, seien sie zentralisiert oder verteilt, hingegen, eine lange Historie in der Praxis und viele integrierte Tools, die es nur schwer zu ersetzen gilt.

5 Zusammenfassung und Ausblick

Die Fragestellung, ob eine Blockchain ein alternatives Datenbanksystem sein kann, lässt sich zusammenfassend mit einem klaren Ja beantworten. Jedes Datenbanksystem hat in der praktischen Anwendung seine Daseinsberechtigung. Die Analyse der verschiedenen Datenbanksysteme zeigt jedoch, dass jedes System Stärken und Schwächen besitzt. Folglich gilt die Empfehlung immer den spezifischen Anwendungsfall zu analysieren und dementsprechend die beste Lösung zu finden.

Wenn es zu der Einführung eines Blockchain Systems geht, muss ein Unternehmen nicht nur das Risiko eingehen eine neue, unerfahrene Technologie zu nutzen, sondern zusätzliche Hindernisse überwinden, die bei konventionellen Systemen nicht mehr vorhanden sind. Beispiele für diese zusätzlichen Handicaps sind die Frage nach der gesetzlichen Einordnung und Regulierung bei der Nutzung einer neuen Technologie wie Blockchain, der Mangel an Standards sowie problematische Governance-Strukturen zur Einführung eines unerprobten Systems. Weiterhin besteht eine nicht zu unterschätzende, operationale Gefahr bei der parallelen Implementierung eines neuen und dem aktiven Betrieb eines alten Datenbanksystems (Schlatt et al. 2016, 48). Außerdem muss weiterhin bei Konzernen und mittelständischen Unternehmen, die zum Abbilden ihrer internen Prozesse mit einem seit Jahren etablierten Datenbanksystem arbeiten, bei der Einführung eines alternativen Datenbanksystems mit Widerstand der Mitarbeiter gerechnet werden.

Nichtsdestotrotz wird in Zukunft die Blockchain eine Grundlage sein für die Etablierung des Internet of Things sowie ein notwendiges Tool für E-Business Geschäftsmodelle. Obwohl sich die Blockchain Technologie, vor allem in Bezug auf die praktische Anwendung, noch in ihrem Anfangsstadium befindet, wird schon an der Weiterentwicklung bzw. Alternativen wie beispielsweise Tangle oder Hashgraph Systemen gearbeitet.

6 Literaturverzeichnis

Begerow, Marcus (o. J.): *Objektorientiertes Datenbankmodell*. Online verfügbar unter http://www.datenbanken-verstehen.de/datenbank-grundlagen/datenbankmodell/objektorientiertes-datenbankmodell/, zugegriffen am 10.04.2018.

Bjannes, Gjermund (2017): *Private Blockchains And How to Make Them Work*. Online verfügbar unter http://www.gjermundbjaanes.com/private-blockchains-and-how-to-make-them-work/, zugegriffen am 09.04.2018.

Buchner, Johannes (2007): *Auswahlalgorithmen und Quorumbasierte Protokolle für verteilte Datenbanksysteme*. Unter Mitarbeit von vv. Technische Universität Wien. Wien. Online verfügbar unter http://textfeld.ac.at/text/985/, zugegriffen am 10.04.2018.

Dobson, Deborah (2018): *The 4 Types of Blockchain Networks Explained*. Online verfügbar unter https://www.iltanet.org/blogs/deborah-dobson/2018/02/13/the-4-types-of-blockchain-networks-explained, zugegriffen am 13.04.2018.

Edlich, Stefan (2011): *NoSQL. Einstieg in die Welt nichtrelationaler Web 2.0 Datenbanken*. 2., aktualisierte und erw. Aufl. München: Hanser. Online verfügbar unter http://www.hanser-elibrary.com/isbn/9783446427532.

Geppert, Andreas (2002): *Objektrelationale und objektorientierte Datenbankkonzepte und -systeme*. 1. Aufl. Heidelberg.

Greenspan, Gideon (2015): *Private blockchains are more than "just" shared databases*. Online verfügbar unter https://www.multichain.com/blog/2015/10/private-blockchains-shared-databases/, zugegriffen am 13.04.2018.

Hald, Anton; Nevermann, Wolf (1995): *Datenbank-Engineering für Wirtschaftsinformatiker. Eine praxisorientierte Einführung*. Wiesbaden: Vieweg+Teubner Verlag. Online verfügbar unter http://dx.doi.org/10.1007/978-3-322-92929-7.

Hammerschmidt, Chris (2017): *Consensus in Blockchain Systems. In Short*. Online verfügbar unter https://medium.com/@chrshmmmr/consensus-in-blockchain-systems-in-short-691fc7d1fefe, zugegriffen am 13.04.2018.

Herrmann, Tobias (2017): *Bitcoin – Technische Grundlagen der Kryptowährung*. Online verfügbar unter https://www.datenschutzbeauftragter-info.de/bitcoin-technische-grundlagen-der-kryptowaehrung/, zugegriffen am 05.04.2018.

Iansiti, Marco; Lakhani, Karim (2017): *The Truth About Blockchain*. In: *Harvard Business Review* (1), S. 118–127. Online verfügbar unter https://hbr.org/2017/01/the-truth-about-blockchain, zugegriffen am 19.03.2018.

Jayachandran, Praveen (2017): *Blockchain Explained. The difference between public and private blockchain.* Online verfügbar unter https://www.ibm.com/blogs/blockchain/2017/05/the-difference-between-public-and-private-blockchain/, zugegriffen am 09.04.2018.

Joos, Thomas; Litzel, Nico (2015): *Big Data und NoSQL-Datenbanken. Relationale Datenbanken sind nicht immer ideal.* Online verfügbar unter https://www.bigdata-insider.de/relationale-datenbanken-sind-nicht-immer-ideal-a-472678/, zugegriffen am 13.04.2018.

Kemper, Alfons; Eickler, André (2013): *Datenbanksysteme. Eine Einführung.* 9., erw. und aktualisierte Aufl. München: Oldenbourg.

Kudlich, Hermann (1992): *Verteilte Datenbanken. Systemkonzepte und Produkte.* Berlin: Siemens-Aktienges. Abt. Verl.

Lapp, Alexander; Litzel, Nico (2017): *Big Data, SQL und NoSQL – eine kurze Übersicht.* Online verfügbar unter https://www.bigdata-insider.de/big-data-sql-und-nosql-eine-kurze-uebersicht-a-602249/, zugegriffen am 28.03.2018.

Meier, Andreas (2007): *Relationale und postrelationale Datenbanken.* 6. überarbeitete und erweiterte Auflage. Berlin: Springer (eXamen.press). Online verfügbar unter http://dx.doi.org/10.1007/978-3-540-46555-3.

Misiak, Markus (2017): *Proof of Work vs. Proof of Stake Erklärung und Vergleich.* Online verfügbar unter https://coin-hero.de/proof-of-work-vs-proof-of-stake/, zugegriffen am 09.04.2017.

o. A. (1992): *OOP-Datenbanken versus relationale Datenbanksysteme.* Online verfügbar unter https://www.computerwoche.de/a/am-datenbankmarkt-steht-ein-generationswechsel-ins-haus,1132824, zugegriffen am 10.04.2018.

Patel, Dhiren; Bothra, Jay; Patel, Vasudev (2017): *Blockchain exhumed.* In: ISEA Asia Security & Privacy Conference. Asia Security and Privacy Conference. Surat, India, S. 1–12.

Schlatt, Vincent; Schweizer, André; Urbach, Nils; Fridgen, Gilbert;. (2016): *Blockchain: Grundlagen, Anwendungen und Potenziale.* Fraunhofer-Institut für Angewandte Informationstechnik FIT. Bayreuth. Online verfügbar unter https://www.fim-rc.de/Paperbibliothek/Veroeffentlicht/642/wi-642.pdf, zugegriffen am 05.04.2018.

Schumann, Turner (2018): *Consensus Mechanisms Explained: PoW vs. PoS.* Online verfügbar unter https://hackernoon.com/consensus-mechanisms-explained-pow-vs-pos-89951c66ae10, zugegriffen am 09.04.2018.

Schütte, Julian; Fridgen, Gilbert; Prinz, Wolfgang; Rose, Thomas; Urbach, Nils; Hoeren, Thomas et al. (2017): *BLOCKCHAIN. Technologien, Forschungsfragen und*

Anwendungen. Frauenhofer. Online verfügbar unter https://www.aisec.fraunhofer.de/content/dam/aisec/Dokumente/Publikationen/Studien_TechReports/deutsch/FhG-Positionspapier-Blockchain.pdf, zuletzt aktualisiert am 20.03.2017, zugegriffen am 05.04.2018.

solid IT GmbH (2018): *DB-Engines Ranking.* Online verfügbar unter https://db-engines.com/de/ranking, zuletzt aktualisiert am 01.04.2018, zugegriffen am 21.04.2018.

Thompson, Collin (2017): *Private Blockchain or Database? How to Determine the Difference.* Online verfügbar unter https://medium.com/blockchain-review/private-blockchain-or-database-whats-the-difference-523e7d42edc, zuletzt aktualisiert am 25.07.2017, zugegriffen am 09.04.2018.

Urbach, Nils (2017): *Blockchain.* Online verfügbar unter http://www.enzyklopaedie-der-wirtschaftsinformatik.de/lexikon/daten-wissen/Datenmanagement/Datenbanksystem/blockchain/blockchain, zuletzt aktualisiert am 05.12.2017, zugegriffen am 06.04.2018.

Vukolic, Marko (o. J.): *The Quest for Scalable Blockchain Fabric: Proof-of-Work vs. BFT Replication.* IBM Research. Zürich. Online verfügbar unter https://allquantor.at/blockchainbib/pdf/vukolic2015quest.pdf, zugegriffen am 13.04.2018.

Witte, Jan Hendrik (2016): *The Blockchain. A Gentle Four Page Introduction,* 06.12.2016. Online verfügbar unter http://arxiv.org/pdf/1612.06244.